Es ist so weit

zum Glück zu zweit!

tierisch satirisch in

Text und Bild

PROLOG

In diesem Büchlein,
bunt und fein,
sind wir,
sei's Mensch, sei's Tier,
verliebt, betört, besessen
in der uns eigenen Manier.
Und fühlt sich einer ganz vergessen,
der mache selbst sich Bild und Reim!
Zu tierischem Vergnügen
laden wir alle herzlich ein!

ER SUCHT SIE

„Ach wenn ich doch ein Liebchen hätte,
groß wie ich und rosenschön.
Mit Freuden ging ich dann zu Bette,
ich würd im Träume Liebchen sehn...

Ach dass ich doch kein Liebchen habe...
Ich bin ein armer, armer Knabe..."

(Volkstümliches Lied 18. Jahrhundert, Textdichter unbekannt, vertont von Carl Maria von Weber)

Bin armes Schwein,
bin ganz allein,
leider nur 1,50 klein,
...wär gern verliebt
bis über beide Ohren,
blieb bisher ungeschoren.
Bist du bereit zum Glück zu zweit,
dann lass es mich gleich wissen
und bring mir bei das Küssen!

Bist, Hase, du so nett,
teilst mit mir Tisch und Bett
mit deinem kuscheligen Fell,
das auf der Stell'
ich sorgsam pflegte?
Bin alter Fuchs,
noch immer rüstig
und durch und durch solide,
mit wunderschönem Bau,
mir fehlst nur du, die liebe Frau.

ER SUCHT SIE

Eitler Pfau möchte gern
seine schönste Feder verschenken.
Bist du die vorzeigbare Frau
mit ausgesuchter Wespentaille,
sehr schick in Jeans und Abendkleid,
dann melde dich und halte dich
für mich bereit!

Foto: digitales Polaroid

ER SUCHT SIE

Suche kleine Piep-Mamsell,
spiel' gerne Igelkarussell.
Bin zwar ein stachliger Gesell,
doch auch ein alter Hase
mit einer feinen Nase.
Ich koche für mein Leben gerne,
das Heimische und Solches aus der Ferne.
Wirst du dazu dann singen,
soll's mir besonders gut gelingen.

ER SUCHT SIE

Dicker Brummer,
nicht unvermögend,
sucht hübsche
Eintagsfliege
Für one-night-stand.

ER SUCHT SIE

Suche junge Ringeltaube,
beschütze dich mit Adlerauge,
bewache deinen Flügelschlag
bei Nacht und auch bei Tag.
An nichts soll es dir fehlen!
Auch deine Ringlein will ich gerne zählen,
und geht dir eins verloren,
schenk ich zwei neue dir
für deine süßen Ohren

ER SUCHT SIE

Bin Hahn im Korb,
halt'darin frei
den goldnen Platz
für dich,
mein kleiner Spatz !

ER SUCHT SIE

Bin alter Esel,
wurd' zum Stoffel,
weil jahrelang unterm Pantoffel.
Jetzt such' ich dich, die flotte Biene,
will ab sofort mit froher Miene
durch's Leben freudig tänzeln,
dich Tag und Nacht umschwänzeln.
Dabei trag gern ich deine Last,
auf dass du nie mehr Sorgen hast.

ER SUCHT IHN

Bin Affe,
ganz in Lack,
wenn nötig,
auch im Frack,
hab' Zähne weiß und blend',
bin feingliedrig und sehr behend.
suche den ultimativen Kick,
alternativ das große Glück.

Welcher Windhund
will es wagen, mit mir,
schillerndem Vogel,
in's Rennen zu gehen?
Keine finanziellen Interessen,
nur Charakter zählt!

Bin ein fideler Mops
und hops gar für mein Leben gern
in Diskotheken nah und fern.
Willst du ein Tänzchen mit mir wagen
an guten wie an schlechten Tagen,
hast du den treuen Dackelblick
und rollst mit mir ins Eheglück?

ER SUCHT IHN

Bin kleiner Hasenfuß,
1,63, Augen braun,
heb' meine Pfote gerne
Gott zum Gruß.
Ich such' den starken Mann,
der mich in seine Arme nehmen kann.
Vielleicht bist du's, der Große Bär?
Setz dich für mich in Trab,
vom Himmel steig herab !
Ich brauche dich so sehr.

(Ingeborg Bachmann sei hier bedacht)

ER SUCHT IHN

Du bist ein Angsthase
und traust dich nicht?
Dann bin ich genau der Richtige für dich!
Bin Bulle,
hundert Kilo schwer,
lebenserfahren und
sehr einfühlsam,
ehrlich und treu.
Wünsche Dauerbeziehung.
Nur Mut, alles wird gut !

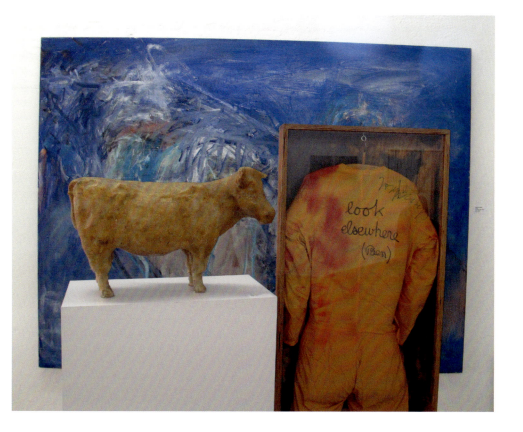

SIE SUCHT IHN

11

Dieses hübsche deutsche Volkslied kommt aus dem Westerwald.

IST WIEDER EINS AUS

Ist wieder eins aus,
Wird noch nichts draus,
Mein Schatz allerliebster
Bleibt immer zu Haus.

Ach wenn er doch käme,
Auf dass er mich nähme,
Auf dass ich den Leutchen
Aus den Augen 'raus käme.

Jetzt kommt er hoho!
Kann sagen: jo, jo,
Komm reich mir dein Händchen
Und sage: jo, jo!

Komm, reich mir dein Händchen,
Du zuckersüß Männchen!
Komm, reich mir dein Händchen
Und sage: jo, jo!

SIE SUCHT IHN

Schnattergans,
besonders reich gefiedert,
sucht stummen Fisch
für Abenteuerurlaub,
bei Zuneigung auch mehr …
Du solltest mindestens 1,80 sein
und möglichst grätenfrei.

SIE SUCHT IHN

Bin Opfer eines Zickenkrieges
und leide unter Liebesmangel.
Ich suche dich, den starken Hammel,
den, der mich treulich leite
auf eine immergrüne Weide.
Das wär' das Höchste für uns beide!

SIE SUCHT IHN

Bin Katzenluder,
lebensfroh und tolerant,
oben sehr weit,
darunter eng,
bin gerne streng
zu meinen Kunden,
auch zu den frechen Hunden.
Bin Tag und Nacht zu buchen
und komm' dich auch zu Haus besuchen.

SIE SUCHT IHN

Märchenerzählerin
sucht Goldesel
zur Wiederbelebung
alten Brauchtums.
Bin Idealistin,
ohne finanzielle Interessen,
mutterseelenallein,
mit langem schwarzen Haar,
herrlich roten Lippen,
samtweißer Haut,
von Gestalt gleich
einer zarten Elfe,
so wahr mir Gott helfe...

SIE SUCHT IHN

Gesucht wird ein Bärchen
für lebendiges Märchen
von extravaganter Nachteule
mit viel Tagesfreizeit.
Darfst kuscheln und schmusen
an meinem üppigen Busen.
So oder so
mach' ich dich gern froh
auf hohem Niveau !

SIE SUCHT IHN

Welcher Mann hat Bock
und einen warmen Bariton,
mit Meckerziege, brünett,
ein Gesangs-Duett
zu gründen,
evtl. später auch eine Familie?
Verfüge über einen schönen hellen Sopran,
einen guten alten Flügel
und interessantes Notenmaterial.
PS: Stabiler Noten-Ständer erwünscht.

SIE SUCHT IHN

Wo bist du, sehr männlich,
ein Tiger auf dem Sprung?
Für mich, charmante Brillenschlange,
weiblich bis über beide Ohren
und ohne Anhang.

SIE SUCHT IHN

Süßer Spatz
mit lockig braunem Federkleid
sucht dich, den goldnen Schatz
und nähme gern an deiner Seite Platz.
Bin die ideale Braut,
bleib' immer lieb,
werd' niemals laut,
sag' leis nur „piep".

Bin gar kleine Schneeeule
und ach, ich heule
für mein Leben gern.
Dann kann ich wieder lachen
Und ganz verrückte Sachen machen.
Bist du ein ganzer Mann,
dann schreib mir oder ruf mich an!
Bin meist zu Haus,
nur ab und zu auf Mäusefang.

SIE SUCHT SIE

Du bist ein junges Hasenherz,
kennst Kummer viel und noch mehr Schmerz?
Dann komm zu mir,
ich lad dich ein,
biet großen Garten dir
und auch ein hübsches Heim.
Bin eine Brumme, etwas wuchtig,
schon älter zwar,
doch rührig und agil
und ganz und gar bereit
für Lebenslust zu zweit.

Foto: digitales Polaroid

SIE SUCHT SIE

Bin bunter Schmetterling
mit abgestreiftem Ehering.
Will mich gern neu verlieben,
bevorzugt in ein fleißiges Bienchen,
zum Summen und fröhlichen Fliegen
von Blüte zu Blüte
unter des Himmels blauer Güte.

Foto: digitales Polaroid

SIE SUCHT SIE

Bin rechtschaffner Drachen
und dabei, mich neu
auf den Weg zu machen.
Suche hübsches Haus
und dazu dich, die süße Maus,
die auf dem Tisch für
mich tanzt
und mit mir durch's
Feuer geht.

(Jede Zuschrift wird beantwortet)

SIE SUCHT SIE

Süßer kleiner Hasenfratz
sucht lebenslust'ge Luderkatz
für Abenteuer jeder Art,
mal wild und bunt und mal apart,
für Mäusefang und Müßiggang.

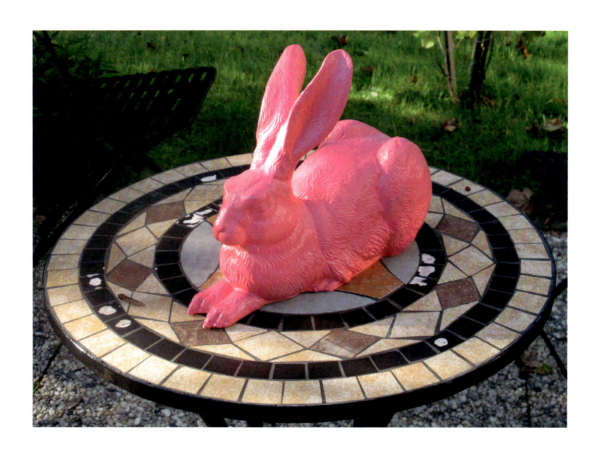

VERMISCHTES

WARMING-UP

KARNEVAL DER TIERE

Wer macht mir den Affen
und gibt ihm Zucker ?
Wer lässt für mich die Sau raus
und sich ausnehmen wie eine Weihnachtsgans ?
Wer sucht des Pudels Kern für mich?
Wer holt für mich die Kuh vom Eis?
Wer schießt für mich den Vogel ab?
Wer löst mich ab als Schwarzes Schaf?
Wer lässt sich für mich ins Bockshorn jagen?
Wer lässt für mich ein Kamel durchs Nadelöhr geh'n?
Wer packt für mich den Stier bei den Hörnern,
macht aus jeder Mücke einen Elefanten
und die Fliege für mich ?
Melde dich !
Raum nirgendwo
und überall.
Antwort erfolgt
in jedem Fall !

Es gibt nichts, was es nicht gibt.

Oder:

Gelegenheit macht Liebe.
Wo und wann und wie genau,
das weiß keine Sau.

Oder?

VERMISCHTES

HAARSCHNITT

Sie war eine schöne Schnepfe,
schnitt ab ihre alten Zöpfe,
und reckte den Hals,
so, als
käme da einer,
der sie liebte
wie keiner
zuvor.

VERMISCHTES

TRAUMGEBET

Lass mich dein Schaf sein,
geliebter Hammel!
Nimm mich mit
auf den Sprung
durch den siebten Himmel
in ein neues Leben !
Alles will ich dir geben,
vor allen Dingen
mich.

VERMISCHTES

DER BLUMENSTRAUSS

Sei kein Frosch
und lass
dich küssen !
Nimm dafür den
Strauß Narzissen !
Auf rote Rosen
warte noch ein Weilchen,
die goldne Kugel
geb ich dir
mit einem leuchtend
blauen Veilchen.

VERMISCHTES

GUTE NACHT

Frau Pinguin in ihrer Tracht
begibt zur Messe sich bei Nacht.
Sie schaut verschämt
und schon ihr frommt,
dass augenblicklich ER
heut kommt,
und sie begehre,
natürlich nur
zu Gottes Ehre.

VERMISCHTES

ARBEITSALLTAG

Im Leben einer
Bordsteinschwalbe
gibt's keine halbe
Sache, vielmehr geht's
um's Ganze.
Sie fliegt mit zum Tanze
und anderswohin,
verbirgt ihre Sehnsucht
nach Haus und nach Nest.
Und lahmen die Flügel,
singt sie ihre Lieder,
erholt sich ein wenig,
und los geht es wieder...

VERMISCHTES

TON IN TON

Ein flauschig junges Küken
ist grad dabei ins Wasser sich zu bücken,
hört plötzlich sich umschwärmt von einer wilden Hummel:
„Du bist genau die Richtige für mich !"
Schon lange such in meinen Träumen ich
nach einer Feinen, einer Lieben,
die mich bei meinem wohligen Gebrummel
begleitet leis mit zartem Piepen.

VERMISCHTES

KATZ UND MAUS

Ein scharfer Hund
vertreibt sich Stund um Stund
mit Mäuschen aller Art,
mal keck, mal mehr apart.
Doch eines Tages fordert ihn die Katz
heraus zu heißer Hatz.
Die Mäuschen sind's zufrieden,
als Hund und Katz
sich tierisch mit einand' vergnügen.

VERMISCHTES

EINSICHT

Ein Wolf,
sehr einsam
und schon grau,
will's noch mal wissen.
Und eine jede Frau, die seine Fährte kreuzt,
nimmt er in sein Visier.
Er lädt sie ein
und spielt ihr vor.
Doch selten leiht die Mieze ihm ihr Ohr.
Klavier?
Dafür bin ich nicht hier!
Ich möchte was erleben,
für mich soll's rote Rosen geben.
Und schließlich sieht Freund Isegrimm es ein:
Klavier spielt's besser sich allein.

Nr. 5140

Mozart

Ergo interest – Quaere superna

Rezitativ und Arie

KV 143 (73a)

Violine I

Beethoven

Nr. 14570

Nr. 229

J. S. BACH

NZERT

minor

ontinuo

Urtext der ne

VERMISCHTES

NUR GESTREIFT

Unter einer Weißdornhecke
hat sich verkrochen eine Schnecke.
Da springt ein junger Hüpfer
in rot gestreiftem Schlüpfer
genau vor ihre Fühler.
Ihr wird bald heiß, bald kühler.
Sie waren schnell ein Paar
für knapp ein halbes Jahr.
Jetzt turnt er anderswo
und unsere süße Schnecke
wird ihres Lebens nicht recht froh.

Schlösser

Alt

So schmeckt Düsseldorf.

www.schloesser.de

VERMISCHTES

FÜRSORGE

In einen Hasenfuß
verliebte sich ein Turtel-
täubchen,
strickt warme Socken nun für ihn
und fertigt ihm ein Kettenhemd
aus Marmor und aus Eisen
und träumt dabei von einem weißen Spitzen-
häubchen.

VERMISCHTES

BEWEGUNG

Panther, Tiger
und Co
sind heute glücklich
und froh,
ist doch ein Frischling
eingetroffen
und lässt sie wieder
hoffen
und ihnen güldne
Flügel wachsen.

(Kurt Tucholsky lässt grüßen)

VERMISCHTES

DER TAUSCH

Eine arme Kirchenmaus
verlässt des nachts
das Gotteshaus.
Ein sehr frommer Mann
nimmt ihrer sich an,
will ein gottesfürchtiges Leben zu zweit.
Ihre Furcht wächst und wächst,
Gott zieht sich zurück
und Mausi denkt an vergangenes Glück,
an ihr einstiges Domizil,
an herrliches Orgelspiel,
an Frieden und Freude
in kühlen Gemäuern.
Die sind nun weit weg.
Dafür gibt es Speck.

VERMISCHTES

SPÄTES GLÜCK

Ein Seebär, alt und grau,
doch sehr charmant,
fand eine Frau,
sehr jung geblieben und noch frisch,
für seinen freien Platz
bei Tisch.
Heut ist sie auch so nett
und teilt mit ihm das Bett.

VERMISCHTES

HÄUTUNG

Sie schlängelt sich
vor seine Füße.
Er atmet ihre
schwere Süße,
begehrt ihren Leib
und verfällt dem Schlangenweib
ganz und gar
mit Haut und Haar.
Er kriecht zu Boden
bleibt liegen dort im Staub,
nackt.

VERMISCHTES

DAS ERSTE MAL

Ein Grünschnabel
flog recht passabel
aus seinem Nest,
die fabel-
hafte Gegend zu erkunden.
Da hüpft ein Goldkehlchen
vor seine Füße,
in seiner Stimme eine Süße,
die er noch nie gehört
und die ihn gleich betört.
Da reicht er ihr sein Schnäbelchen,
sie schnäbelt gern zurück
und er genießt sein erstes Liebesglück.

VERMISCHTES

SOLIDARITÄT

Ein blindes Huhn
muss tun,
was ihr Liebster befiehlt.
Da überlegt eine fette Henne,
wie sie es anstellen könne,
dass er falle vom Sockel,
der Gockel.

VERMISCHTES

DER GRAUE PANTHER

Ein grauer Panther
- einst headhunter -
mit weichem Gang
geschmeidig starker Schritte
sucht nach seiner Lebensmitte.
Sein Blick ist vom Vorübergeh'n
der Frauen, die so wunderschön,
fast müd geworden.
Doch dann, im hohen Norden,
hebt sich der Vorhang der Pupille
und vor ihm steht Sybille.

(In Anlehnung an Rainer Maria Rilke)

VERMISCHTES

NOTSTAND

Als Ochse steh ich
vor dem Berg.
Ich weiß nicht mehr,
wie lange schon.
Kann hören zwar,
doch seh ich nichts
von dem, was
hinterm Gipfel ist.
Das Kreuz kann mühsam
ich erkennen
und meines ist ganz krumm
und keine Kuh krieg ich herum.
Doch ist mir nicht mehr bang,
mir schwant doch schon sehr lang:
Glückliche Pärchen?
Gibt's nur im Märchen...

VERMISCHTES

AUFSCHUB

See you later,
Alligator.
Will mich noch nicht
vernaschen lassen.
Weiß nämlich nicht,
ob wir auch wirklich
zueinander passen.
Will erst die Sterne fragen
und melde mich –
vielleicht in vier, fünf Tagen.

VERMISCHTES

SCHICKSAL

Ein Wendehals
hat Platz genommen,
er wirkt gerupft,
schon fast verkommen.
Doch rasch erholt er sich
und wendet wieder meisterlich
sich rechts, dann links
und andersrum,
erklärt die anderen für dumm,
besonders alle Frauen,
hält sich für klug und sehr versiert
und ist sehr indigniert,
will ihm doch keine trauen.

DIE NOTBREMSE

Kommt her, kommt her,
hier ist der Gute - Laune - Bär!
Er flachst und lacht,
gibt sich sehr heiter.
So manche Frau
lässt sich bespaßen und bewitzeln,
ihr Letztes aus den Rippen kitzeln.
Dann hat sie Not
und schnappt nach Luft
und lässt ihn los, den Bären,
den sie sich aufgebunden
mitsamt den vielen Pfunden,
worin die gute Laune steckt,
die alles Übrige verdeckt.

VERMISCHTES

DER AUGENBLICK

„Vor Rehen wird gewarnt".
Das hatte er gelesen.
Allein, ihm fehlt' der Glaube.
Er brachte seinem zarten Reh
die wunderschönste Haube.
Sie schmiegte sich darunter
ganz leuchtend hell in Weiß
mit tiefen braunen Augen.
Sooft er dort hineinblickt,
wird er ein bisschen mehr verrückt,
kennt sich nicht aus in seinem eigenen Haus,
ist eines Tages vollends durch den Wind:
„Was macht mein Reh?"
„Wo ist mein Kind?"

(vgl. Grimms Märchen Brüderchen und Schwesterchen)

HUNDELEBEN

Ein rechtschaffnes Chamäleon
beherrscht sehr meisterhaft der Farben Ton,
raspelt erst Süßholz,
wird schließlich stolz,
dann eher blass und kränklich,
gibt ernst sich, sehr bedenklich,
treibt es bald bunt,
wird furchtbar fuchtig.
Da ist für ihn,
den armen Hund,
auf einmal Schluss mit lustig.

GÄNSE-MAST

Ein alter Vielfraß,
fasziniert von einer jungen Gans,
denkt bei sich: Ja, die kann's!
Diese wird mich mästen
mit allerfeinsten Resten,
die sie für mich erfindet!
Nichts nämlich sonst mich bindet.
Weiß ich doch schon seit Kindestagen:
Die Liebe geht bei mir ausschließlich
durch den Magen.

VERMISCHTES

SCHLUSS-SATZ

Ein kleiner Schmutzfink
in verwaschenem Pink,
erstarrt sein Hemd,
der Reißverschluss der Flickenhose
ganz verklemmt.
Ihm hinterher
läuft eine Frau
in trübem Aschenputtel-Grau.
„Du alte Sau!"
schimpft sie, der Rohrspatz.
Da macht er einen Riesen-Satz
auf einen hohen Baum.
Sie glaubt es kaum:
Aus der Traum!

VERMISCHTES

FARBENSPIEL

Er macht gerne auf James Bond,
ist straßenköterblond
und- keineswegs ein echter Bluter-,
wird rot er wie ein dummer Puter,
als seine Nachbarin, die freche Maus,
ihn einlädt in ihr freudig Haus.

VERMISCHTES

DIE GRETCHENFRAGE

„Sag an, sag an,
mein lieber Schwan,
wie hast du's
mit der Religion,
möcht ich schon
gerne wissen,
bevor wir uns gleich küssen!"
Den Schwan lässt
diese Frage kalt,
die Wasserratte
steht im Wald.
Er richtet sein Gefieder,
sie sieht ihn nicht mehr wieder.

(An Goethe kommen wir nicht vorbei)

VERMISCHTES

MORGENSTUND

Ein wunderbarer Gatte,
der morgens nicht nur eine Latte,
nein, auch viel Gold im Munde hatte,
beichtet am Abend seiner Lerche,
dass er von Fall zu Fall
sich amüsiert mit einer Nachtigall.
Von Stund an ist die Lerch
ihm nicht mehr hold,
lässt ihn mit seiner andern trapsen
und ist am nächsten Morgen weg
mit seinem Gold.

VERMISCHTES

FEHLGRIFF

Der Neue,
glatt wie ein Aal,
wird immer mehr
zur Qual
seinem Kätzchen.
Er lässt sich nicht kraulen,
nicht krallen, nicht kratzen,
flutscht jedes Mal weg,
hinterlässt einen fettigen Fleck
und Kätzchen ist ratlos,
hätt'lieber einen Vogel
an Stelle ihres aalglatten
schmierigen Gatten.

VERMISCHTES

SPUREN

Ein flotter Käfer
trifft an einer Straßenecke
auf eine kleine süße Schnecke,
kriecht mit ihr unter seine Decke.
Sie schleimt sich ein
und bald hängt er
mit jedem Bein
auf ihren Spuren fest.
Er läuft und läuft und läuft...
Er tourt und spurt
in einem fort,
verliert fortan kein einzig Wort,
steckt er doch fest im Dauersport.

VERMISCHTES

DAS EXKLUSIVE ANGEBOT

Biete Platz in meinem
Haifischbecken,
gepflegt und elegant,
für Goldfisch, Krebse , Schnecken,
Stichlinge und Co.
Da geht die Post ab, so oder so!
Ich bitte euch, kommet zu Hauf,
setzt mich nicht drauf,
ihr Männlein, Weiblein und so weiter!
Wir spielen Ross und Reiter,
dazwischen geh'n wir fischen,
bei Wein, Champagner und viel Bier
lass ich euch Zeit bis früh um vier...

VERMISCHTES

DAS BESONDERE ANGEBOT

Willst, feines Fohlen,
mit mir geh'n?
Ich werde dich warten Wunderschön.
Gar schöne Spiele spiel ich mit dir
in meinem großen Garten.
Will dich auch striegeln allezeit.
Bin prächtiges Walross,
hab ´keine Feinde weit und breit,
bin arriviert
und sehr gut situiert.

(und noch einmal Goethe)

VERMISCHTES

HIMMELSBLAU

Ein Schmierfink,
sehr verkannt
in seinem klugen Denken,
wollt auf sich lenken eine Frau,
studierte sehr genau
Annoncen und das Internet,
putzt seine Wohnung, macht sein Bett.
Da findet bei ihm seinen Platz
ein süßer kleiner Spatz,
sehr anschmiegsam und durchaus klug
darf sie begleiten jeden Satz
auf himmelblauem Tintenflug.

(Günter Grass lässt aus der Ferne grüßen ....)

VERMISCHTES

KURZ UND SCHMERZLOS

Eine fette Kuh
schaut zu,
wie ihr Stier
nicht mit ihr,
nein- mit einer dürren Ziege
rote Blumen pflückt.
Drauf macht sie die Fliege...

VERMISCHTES

DER RATTENFÄNGER

Ein Punk in Pink
liebt seine kleine Ratte,
die bisher zärtlich und sehr flink
ihn stets begleitet hatte.
Da wird er krank,
der arme Punk,
doch Gott-sei-Dank
sorgt sie für ihn
und bleibt ihm treu.
Er wird gesund,
fühlt sich wie neu.

VERMISCHTES

METAMORPHOSE

Er lebte wie die
Made im Speck.
Eines Tages lief sie weg.
Er blieb zurück
mit Katzenjammer
– verschwunden seine Maus –,
sehnt sich nach ihrer Stimme Süße,
vermisst das Trippeln ihrer Füße.
Kein Schwein ruft ihn an,
keine Sau interessiert sich für ihn.
Alles ist hin.
Der Speck ist weg
und er
ein armer Wurm im Dreck

VERMISCHTES

DIE MAHLZEIT

In seinem Schrebergarten [1)]
die Liebste zu erwarten,
sitzt der alte Kauz
und um ihn die Kronen der Bäume
rauschen durch himmlische Räume.
Und – ei der dautz –
schon kommt sie um die Ecke,
die kleine süße Schnecke.
Er lässt geduldig
sie taufrisch sich laben,
um sie dann ganz für sich zu haben.

(Auch Friedrich Schiller sei bedacht…)

VERMISCHTES

BEGEGNUNG AM MITTAG

In seiner Mittagspause
trabt der Bürohengst
ins nächste Cafe,
trinkt dort einen Tee
und igelt sich ein.
Doch das leise Geheule
einer tageslichttauglichen Eule
dringt an sein Ohr.
Er bläht auf seine Nüstern,
fühlt plötzlich sich lüstern
und bietet ihr sein Taschentuch.
Sie ist betört von seinem Stall-Geruch.
Er scharrt mit den Hufen,
bäumt auf seine Brust.
Sie hört auf zu schluchzen,
was bleibt, das ist Lust.

VERMISCHTES

EIGENART

Wie liebt er seine Schmusekatze!
Mehr als sein Hab und Gut.
Keine auf der Welt
außer ihr ihm gefällt.
Er streichelt sie zart,
sie schnurrt in sein Ohr.
Doch eines Tages zieht es sie vor
die Tür und dann hinaus.
Sie will nach Art aller Katzen
an echten Bäumen kratzen.
Kaum aus dem Haus
kann sie das Mausen
nicht lassen
und er sich kaum fassen.

VERMISCHTES

ALLES FÜR DIE KATZ

Er liebte sie abgöttisch,
seine kleine Mieze,
bis er zuletzt hundsföttisch
fast nicht mehr existierte,
nein, nur noch assistierte.
Ob er sich jemals selber fand,
das ist uns nicht bekannt.

VERMISCHTES

DER TAUCHGANG

Es saß vergnügt ein dicker Fisch
an einem runden Bistrotisch
und sah nach hübschen Damen,
die dort vorüber kamen.
Ein toller Hecht gesellte sich dazu,
schaut selbstverliebt
auf seine glanzgelackten Schuh,
denkt amüsiert an seinen Karpfenteich.
Da nähert seine Liebste sich,
begrüßt kurz ihn
und herzlicher den Dicken.
Da fühlt der Hecht sich nicht mehr toll,
war doch das Maß der Eskapaden
seiner Liebsten voll.
Er tauchte ab und ließ sich nicht mehr blicken.

VERMISCHTES

WIEDER EINMAL

Die Flügel verstaucht,
den Schnabel verbogen,
hatte die Schnapsdrossel
ihn belogen:
Sich viel jünger gemacht.
Und er, der Hahnrei,
er hatte gedacht,
sie sei die Frau seines Lebens.
– vergebens –
wieder einmal.

VERMISCHTES

TANZVERGNÜGEN

„Ich bin der dicke Tanzbär
und komme aus dem Wald.
Ich such mir eine Freundin
und finde sie schon bald..." [1]
Ich biete ihr ein schönes Haus
mit herrlich großer Küche.
Dort halt' ich sie nicht klein,
nein groß, ganz groß
für meinen Bärenhunger.
Wenn der mich überkommt,
dann bin ich los!
Und kommt sie mir dann dumm,
tanz' ich ihr auf der Nase rum!

[1] Kinderlied, Volksweise...

VERMISCHTES

IM RAMPENLICHT

Ich war einmal die Rampensau,
ja, die genau,
die Sie gut kennen!
Vor mir gackerten die Hühner,
darunter viele Hennen.
Manch eine konnte nichts als flennen.
Heut bin ich raus aus dem Geschäft,
mit Biene, meiner Frau,
die früher gab - wie ich -
die Rampensau.

VERMISCHTES

AU BACKE!

Herr Dr. Hamsterbacke
pflegt leidenschaftlich seine Macke:
Er wartet auf mit vielen Frauen,
so schönen und so schlauen.
Doch weiß ein jeder ganz genau:
Der Mann ist klein und dick
und keineswegs der Frauen Glück.
Wohl finden sie ihn sehr gelehrt,
doch das allein ist wenig wert.
Das Hamstern lässt er auch nicht sein.
So bleibt er auf den dicken Backen
bald sitzen ganz allein.

VERMISCHTES

ORTSWECHSEL

Ein Mistkerl sitzt
ganz jämmerlich
am Wegesrand
auf seinem Haufen.
Da kommt ein Weib dahergelaufen
und nähert sich ihm kümmerlich,
sieht ihm ins Auge fest,
nimmt ihn – ganz Glucke –
auf ihre alte Hucke
und schleppt ihn ab
ins warme Nest.

VERMISCHTES

DIE GETREUEN

Ein Platzhirsch
- exzellenter Demagoge -
schwimmt oben auf der Woge.
Damit er nicht herunterfällt,
zu seinen Füßen liegt die Damenwelt
als Rudel oder Herde,
gelockte Pudel, edle Pferde,
vor allem bunte Kühe -
die geben sich die größte Mühe.
Wenn er sich dann verausgabt hat,
springt er voran,
zu gönnen sich ein kühles Bad,
ihm hinterher all die Getreuen,
die mitten unter ihm an frischem Nass
sich säuisch wohl erfreuen.

VERMISCHTES

LETZTE RUHE

Er ist ein alter Trick,
der Mann mit Dackelblick.
Lang übt er vor dem Spiegel
und wenn er selbst sich leid tut,
dann geht er auf Tournee,
oh weh, oh weh!
So manche arme Maus
hat er auf dem Gewissen,
die ihm ihr Letztes gab,
sich schaufelte ihr Grab.
Die Friedhöfe sind voll
von Opfern solchen Blicks
ob eines blinden Liebes-Glücks.

Polaroid 300

VERMISCHTES

DAS BESONDERE KONZERT

Ein alter Esel
- Raum Wesel-
will ein Kuckuckskind
sich suchen
und Gesangsstunden
bei ihm buchen.
Will ändern die Tradition:
Nicht eifern, nicht geifern,
nicht streiten
-Nein,Synergie!
Will den kleinen Kuckuck begleiten
in herrlichem Duett,
wie man es hört' noch nirgends nie!

VERMISCHTES

UNERBITTLICH

Ich bin die wilde Pistensau,
nicht selten ist mein Auge blau.
Ich brettere hinab ins Tal,
gern auch mal kreuz und quer,
das ist mir schnurzegal,
für mich muss Hase her.
Ich schaue aus nach Löffelchen
in goldenen Pantöffelchen.
Aufgeben? Das gibt es niemals,nie,
dann such ich eben Haserls Ski,
werd fündig auch im tiefsten Schnee.
Und sollt es Hase wagen,
 `nen Haken mir zu schlagen,
dann wehe ihr, o weh!

VERMISCHTES

PHANTASIE

Ein Börsenhai
findt nichts dabei
zu zeigen seine Zähne,
die blütenweiß saniert.
Sieht dabei drein,
als ob er grinse:
ich find'se, ja, ich find' se,
die smarte junge Witwe
mit hochkarät'gem Schwanenhals.
Taxier' sie erst in schwarzen Zahlen.
Die fress ich alle auf
und hänge mit den roten
an ihrem Hals die Teure auf.
Und ihre Diamanten lass
funkeln ich in meinem Bauch.

VERMISCHTES

METAMORPHOSE 2

Ein Pleitegeier,
am Ende seiner selbst
und seiner alten Leier,
erspäht am Wegesrand
ein ausgedientes Skate.
Er fleucht damit zu
seinem nächsten Date
mit einem Unschuldslamm.
Sie schaut auf ihn,
dann auf das Brett
und ist sehr angetan,
weil sie mit solcher Art Gefährt
sehr tollkühn sich bewegen kann.
So wirft sie ihre Unschuld bald beiseite,
verhilft dabei dem Geiermännchen
allmählich aus der Pleite.

Polaroid 300

VERMISCHTES

DIE BALLADE VOM ARMEN HUND

Ein armer Hund
sitzt Stund um Stund
auf einer Bank im Park.
Ein Rosenbeet liegt neben ihm,
wärmt sich in Mittagssonne.
Die Blüten leuchten purpurrot
um ihn herum, den armen Hund.
Sie wollt' nicht küssen seinen Mund,
will ihn nicht wiedersehn.

Am Abend ist's um ihn geschehn.
Er stürzt sich in das Beet,
gräbt sich ins Erdenreich ganz tief.
Die Rosen schimmern sammetweich,
gefärbt von seinem Blut,
getränkt mit seiner Einsamkeit.

Auf allen Vieren schleicht bei Nacht er weg.
Er kommt nicht weit,
bleibt fragend stehn,
will täglich nach den Rosen sehn
und schon sein Grab dort pflegen
und meißeln sich den schönsten Stein,
verziert mit Hieroglyphen.

Und als sein Mausoleum fertig,
vermietet er die Rosenbank
an alle armen Hunde
für 50 Cent die Stunde.

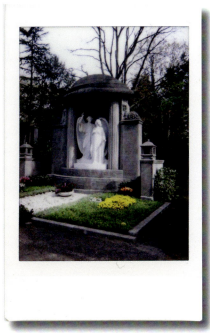

Polaroid 300

VERMISCHTES

BESINNUNG

Vor seinem Laden
voller Porzellan
saß einst ein Elefant.
Traut sich hinein nicht mehr,
da er den Weg nicht fand,
sich zu benehmen.
Er schaut nach einer Elfe,
auf dass sie ihm dazu verhelfe,
sich zu bewegen leichtfüßig und grazil.
Doch das ist für den Dicken viel zu viel,
hat er doch seinen eignen Stil
trotz zweier Elfenbein.
Und schließlich sieht er ein:
Nach Art der zarten Elfen
ist ihm nun wahrlich nicht zu helfen,
besinnt sich seiner Elefantenhaut,
trompetet kräftig und sehr laut.

HEISSE LUFT

Ein Leitwolf
ging in einen Laden.
Er wollte neue Schuhe haben,
Hemd, Hose und Krawatte,
was Mann nun mal zu tragen hatte.
Signalrot sollt' die Farbe sein.
Doch jeder Schuh ist ihm zu klein,
für jede Hose viel zu lang sein Bein.
Und keine der Krawatten,
die sich um seinen Hals geknotet hatten,
wollt' ihm gefallen.

Da heult er auf ganz kurz,
lässt einen furchtbar lauten Furz
und fühlt verlassen sich von allen.
Nur seine Braut heult mit ihm mit,
die hündisch ihm ergeben.
Zum Dank lädt er sie ein
ins beste Restaurant der Stadt,
wo er mit andern Alpha - Tieren
nun einen Stammplatz hat.

VERMISCHTES

SCHERBENHAUFEN

Ein ausgefuchster Rammler,
getarnt als Weltengammler,
liebt Frauen jeder Art und Herkunft.
Ob Pute, Ziege oder Gans
er kann's mit einer jeden.
Er weiß, wie Mann es machen muss,
sie zu betören, zu beglücken,
er weiß, was Frau gefällt.
Doch bald liegt ihre Welt
in Stücken.
Nur mühevoll geht sie zu Werke,
sich wieder einzusammeln.
Er ist schon über alle Berge,
geht wieder gammeln.

DER ARME SCHLUCKER

Ein Buntspecht pflegt
sein prächtiges Gefieder.
Sogar wenn er verliebt,
für ihn es nur das Eine gibt:
sein Federkleid.
Er zeigt es weit,
er zeigt es breit
und wird bekannt
im ganzen Land.
Zuletzt hatt' er ne kleine Meise.
Der wurde es zu bunt mit ihm,
sie flog woanders hin.
Nun zwitschert er allein
so manches vor sich her,
noch mehr in sich hinein.
Nichts mehr an ihm ist bunt,
nein, fahles Gelb und Grau.
Es will ihn keine Frau
mehr sehn, geschweige denn mit ihm
zusammengehn.
Es bleibt ihm nur das Schlucken.
Er schluckt und schluckt und schluckt ....
findet das Leben ungerecht,
der arme Specht.

VERMISCHTES

AN DER WAND

Gemausert hat er sich
auf seine Art
zu einem POP-IDOL.
Manch einer scherzte:
„Der? war hohl!"
Ein anderer – aus Übersee –
lobt ihn dagegen übern grünen Klee.
Derweil holt Mister Andy
mit seinem coolen POP-ART-HANDY
das Täubchen aus dem Nachbarhaus.
Sie flippt vor Freude aus,
kann sich kaum fassen.
Dabei will unser Andy nur
seinen Schlüssel
bei ihr lassen,
bis er zurück von seiner Tour
nach Brüssel...
Er hängt noch heute
an der Wand in ihrem Flur.

COOLING DOWN

LOVE-PARADE DER TIERE

Ein kleiner begossener Pudel
find't taumelnd sich in einem Strudel.
Ein vielgereister Windhund
möcht' in Windeseil ihn trösten,
ein Frechdachs will ihn gern verführen,
eine Schnecke schleimt sich bei ihm ein,
die grazile Gazelle
ist für den Kleinen zur Stelle,
ein alter Fuchs legt leis sich auf die Lauer,
ein Paradiesvogel gibt sich extravagant,
ein verrücktes Huhn legt für ihn ein Ei,
eine dumme Gans fragt ihn Löcher in seinen Bauch,
eine Schnepfe rümpft über ihn die Nase,
eine lahme Ente bietet ihm ihre Flügel,
die flotte Biene schenkt ihm einen Honigtropfen,
ein Hundsfott pinkelt ihm ans Bein,
ein Hänfling stellt sich bei ihm unter,
eine dumme Kuh lässt sich für ihn melken,
eine Stute beißt sich durch vor seine Füße,
eine falsche Schlange sammelt Krokodilstränen für ihn ein,

ein Schmusekater schnurrt ein Liebeslied für ihn,
ein Schwalbenschwanz kreiert für ihn den letzten Tanz,
ein Pleitegeier lädt generös den Kleinen ein zu seiner Abschiedsfeier,
ein Faultier bittet ihn zu einem kühlen Bier,
ein fettes Schwein lädt ihn zu Trüffel-Soufflet ein,
ein Dompfaff zwitschert sich einen auf den Kleinen,
ein Rennpferd bläht vor ihm recht lüstern seine Nüstern,
ein Mäusezahn schenkt ihm 'ne Freifahrt mit der Single-Bahn,
ein Hirsch mit stolz erhobenem Geweih
springt echauffiert an ihm vorbei,
ein Salonlöwe überreicht ihm seine Visitenkarte,
ein Pechvogel näht für ihn mit eig'ner Hand
ein rabenschwarz Gewand,
der Sündenbock kommt an den Pflock,
ein frommes Lamm fleht Gott, den Herrn, um seine Hilfe an,
Esel und Ochs richten für ihn im Stall eine Box,
ein Gorilla trommelt ihn in Trance,
ein Affe sucht in seinem Fell nach Flöhen
und findet so des Pudels Kern,
ein Wolf im Schafspelz
schreckt ihn schließlich auf.
Er schüttelt sich die Tränen aus dem Fell
und um ihn wird es wieder hell.

„denn es geht dem Menschen wie dem Vieh und der Mensch hat nichts mehr denn das Vieh: Denn es ist alles eitel."

(Prediger Salomo 3,19)

EPILOG

Sie halten zusammen
wie Schwefel und Pech,
nicht einer läuft
dem andern weg.
Du kennst sie nicht?
Dann schau umher:
Da tollen Tiger und Bär
im Grase,
dahinter verstecken sich
Fuchs und Hase.
Hund und Katz
findest du
an ihrem Platz.
Katz und Maus
treiben im Haus
ihr seltsames Spiel.
Liebe wird es – glaub ich –
genannt.
Nun ist es aus,
wir geh'n nach Haus
und unsre kleine Eule
nimmt Abschied mit Geheule.

Wir danken folgenden Künstlern:
Willi Blöß
Herman
Prof. Ottmar Hörl
Anna Kathrin Kleeberg
Andreas Felix Kroll
Lon Pennock
Mathias Perlet

Ein herzliches Dankeschön an Peter Lewerentz für die Unterstützung unserer Trilogie durch seinen wunderbaren Gemälde-Fundus.

VITA Frida Feld
alias Karin Frida Zumfelde, Oberstudienrätin a. D., drei Kinder, lebt und arbeitet in Herdecke, Gestalt-/Familientherapeutin, Supervisorin, Mediatorin und Heilerin, bisher veröffentlicht „Leukämie – ein poetisches Tagebuch",
ISBN 978-3-865499-43-1

VITA Alfred Bludschun
geb. 25.09.1939 in Essen.

ab 1956	Ausbildung Bildproduktion
ab 1966	Lithograph und Studiofotograf
ab 1968	Kontakte zur Bildenden Kunst, Schallplattencoverfotografie
ab 1971	Studium Verlagsherstellung in Stuttgart
ab 1974	Verlagstätigkeit mit zeitgenössischen Künstlern, Wiener Schule u. A. Hausner, Hajek, Alt
ab 1977	Kundenberatung für Grafische Betriebe und int. Agenturen
seit 1995	bei Seltmann und ind. Betreuung Verlagsobjekte Seltmann+Söhne

Gesamtherstellung: Seltmann Printart · www.seltmann.de

Alle Rechte vorbehalten. Dieses Buch darf nur nach vorheriger schriftlicher Zustimmung des Copyrightinhabers vollständig bzw. teilweise vervielfältigt, in einem Datenerfassungssystem gespeichert oder mit elektronischen bzw. mechanischen Hilfsmitteln, Fotokopierern oder Aufzeichnungsgeräten oder anderweitig verarbeitet werden.

1. Auflage 2014
© 2014 Verlag seltmann+söhne
ISBN 978-3-944721-16-3